Weisheiten des Glücks

Weisheiten des Glücks

Weltbild

Inhaltsverzeichnis

Jeder Mensch ist auf der Suche nach dem Glück. Nach dem kleinen, persönlichen Glück oder nach dem großen, weltbewegenden Glück. Aber weil niemand so genau weiß, was das eigentlich ist, dieses Glück, und jeder es sucht und oft erst hinterher bemerkt, dass es schon da gewesen ist, das Glück, soll dieses Büchlein dazu auffordern, innezuhalten. Sich bewusst zu machen, dass das Glück meist in den kleinen, unscheinbaren Dingen ruht. Und dass es oft nur sehr wenig bedarf, um glücklich zu sein. Diese Sammlung von Aphorismen ist eine Schatzkiste zum Thema Glück, aus der man Tag für Tag schöpfen kann.

Glücksbotschaften der Freude

Freude

Das Leben ist
eine Gabe,
die viel Schönes
für einen selbst,
und wenn man
es nur will,
viel Nützliches
für andere enthält.

Wilhelm von Humboldt

Manchem glückt es,
überall ein Idyll
zu finden:
Und wenn ers
nicht findet,
so schafft ers sich.

Theodor Fontane

Das wahre
und sichtbare
Glück des Lebens
liegt nicht
außer uns,
sondern in uns.

Johann Peter Hebel

Ein Tag
ohne Lächeln
ist ein
verlorener Tag.

Charlie Chaplin

Wenn wir
eine Freude
ganz ungetrübt
genießen wollen,
muss sie
einem Menschen
zuteilwerden,
den wir lieben.

Marie von Ebner-Eschenbach

Wer zu singen
und zu lachen weiß,
vermag sein
Unglück zu
schrecken.

Domenico Scarlatti

Ein einziger
Sonnenstrahl
reicht hin,
viel Dunkel
zu erhellen.

Franz von Sales

Der kürzeste Weg
zwischen
zwei Menschen
ist ein Lächeln.

Weisheit aus Deutschland

Ein Maitag
ist ein
kategorischer
Imperativ
der Freude.

Friedrich Hebbel

Freuden sind
unsere Flügel,
Schmerzen
unsere Sporen.

Jean Paul

Geteilte Freud
ist doppelt Freude,
geteilter Schmerz
ist halber Schmerz.

Christoph August Tiedge

Mit Kummer
kann man allein
fertig werden,
aber um sich
aus vollem Herzen
freuen zu können,
muss man
die Freude teilen.

Mark Twain

Die Freude
ist der Sommer,
der die inneren
Früchte färbt.

Jean Paul

Das schönste
Geschenk
an den Menschen
ist die Fähigkeit
zur Freude.

Vauvenargues

Man muss
nie verzweifeln,
wenn einem
etwas verloren
geht, ein Mensch
oder eine Freude
oder ein Glück;
es kommt alles
noch viel herrlicher
wieder.

Rainer Maria Rilke

Freude heißt
die starke Feder
in der ewigen
Natur, Freude
treibt die Räder
in der großen
Weltenuhr.

Friedrich Schiller

Das beste Mittel,
jeden Tag gut
zu beginnen, ist,
beim Erwachen
daran zu denken,
ob man nicht
wenigstens einem
Menschen an
diesem Tage
eine Freude
machen könne.

Friedrich Nietzsche

Die Freude der Seele
zeigt ihre Stärke.

Anne de Lenclos

Der ist bei Sinnen,
für den die Welt ein
Musikinstrument
ist. Eine leise
Berührung
schon schenkt
innige Freude.

Henry David Thoreau

Wenn auch nur einer
sein Leben voll
und ganz auslebte,
jedem Gefühl
Gestalt und
jedem Gedanken
Ausdruck gäbe
und jeden Traum
verwirklichte –
dann würde die
Welt einen frischen
Antrieb zur Freude
erhalten.

Oscar Wilde

Wenn Tag und Nacht
so sind, dass du
sie mit Freuden
begrüßt, und das
Leben einen Duft
ausströmt wie
Blumen und wohl-
riechende Kräuter –
das ist dein Erfolg.

Henry David Thoreau

An anderer Freude
sich herzlich
freuen, hilft
verlorenes Glück
erneuern.

Wolrad Eigenbrodt

Wäre es uns möglich,
weiter zu sehen,
als unser Wissen
reicht, vielleicht
würden wir
dann unsere
Traurigkeiten
mit größerem
Vertrauen
ertragen als
unsere Freuden.

Rainer Maria Rilke

Was ist Freude und
wann ist man froh?
Wenn man sich
selbst in Wahrheit
gegenwärtig ist.
Dass man ist,
heute ist,
das ist Freude.

Søren Kierkegaard

Das Glück ist
nicht einer
kurzlebigen Freude
gleichzusetzen,
es ist vielmehr
eine geheime,
ein ganzes
Leben lang
wirkende Kraft.

Johann Wolfgang von Goethe

Glück liegt nur in
dem Bewusstsein,
das wir von ihm
haben, und keines-
wegs darin, wie
die Zukunft ihr
Versprechen hält.

George Sand

Kleine Freuden
sind Blumen
im Teppich
des Lebens.

Weisheit aus Deutschland

Sei heiter und
vergnügt und
nimm teil an
der Freude
der anderen.
Dabei fällt dann
immer auch etwas
eigene Freude ab.

Theodor Fontane

Die Freude
steckt nicht
in den Dingen,
sondern im
Innersten
unserer Seele.

Theresia von Lisieux

Wann beginnt
unsere Freude?
Wenn wir
den anderen
lächeln machen.

Weisheit aus Indien

Wenn du an dir
nicht Freude hast,
die Welt
wird dir nicht
Freude machen.

Paul von Heyse

Freude ist
die große Wäsche
des Herzens.

Weisheit aus Japan

Genieße deine
gegenwärtige
Freude so,
dass es den
nachfolgenden
keinen Abbruch
tut.

Seneca

Das Leben meistert
man lächelnd oder
überhaupt nicht.

Weisheit aus China

Nichts verzeih
ich mir weniger,
als nicht froh zu
sein – auch kann
der Augenblick
niemals kommen,
wo ich nicht eine
Freude, die sich mir
darbietet, herzlich
genießen sollte.

Caroline Schlegel-Schelling

Immer die kleinen
Freuden aufpicken,
bis das große Glück
kommt. Und wenn
es nicht kommt,
dann hat man
wenigstens
die kleinen Glücke
gehabt.

Theodor Fontane

Späte Freuden
sind die schönsten;
sie stehen zwischen
entschwundener
Sehnsucht
und kommendem
Frieden.

Marie von Ebner-Eschenbach

Wenn wir,
solange wir leben,
dem Weg
der Freude folgen,
werden wir
am Ende eins
mit diesem Weg.

Leo Tolstoi

Die Freude
ist ein Balsam,
der oft schneller
und wirksamer
heilt als
die erprobteste
Arzenei.

Caroline de la Motte Fouqué

Glücksbotschaften der Gelassenheit

Gelassenheit

Die höchste Krone
des Helden ist
die Besonnenheit
mitten in
den Stürmen
des Lebens.

Jean Paul

Der Himmel hat
den Menschen
als Gegengewicht
gegen die vielen
Mühseligkeiten
drei Dinge gegeben:
die Hoffnung,
den Schlaf
und das Lachen.

Immanuel Kant

Geh deinen Weg
und lass
die Leute reden.

Dante Alighieri

Das höchste Gut
sei die seelische
Harmonie
mit sich selbst.

Seneca

Langsam,
Schritt für Schritt,
die Treppe weiter
hinauf. Wahrlich,
die Welt bietet
nicht solch
ein Übermaß
von Genüssen,
dass man sie
in Sprüngen
überfliegen dürfte.

Wilhelm Raabe

Die größten
Ereignisse
sind nicht
unsere lautesten,
sondern unsere
stillsten Stunden.

Friedrich Nietzsche

Ich bin immer,
auch im Leben,
für Ruhepunkte.
Parks ohne Bänke
können mir
gestohlen werden.

Theodor Fontane

Ruhe, verbunden
mit der Lust,
das heißt
dem Genuss,
das ist Glück.

George Sand

Still liegen und
wenig denken
ist das wohlfeilste
Arzneimittel für
alle Krankheiten
der Seele und wird,
bei gutem Willen,
von Stunde
zu Stunde
seines Gebrauchs
angenehmer.

Friedrich Nietzsche

Das wahre Glück
ist die
Genügsamkeit.

Johann Wolfgang von Goethe

Siehe eine Sanduhr:
Da lässt sich nichts
durch Rütteln
und Schütteln
erreichen, du musst
geduldig warten,
bis der Sand,
Körnlein um
Körnlein,
aus dem einen
Trichter in
den anderen
gelaufen ist.

Christian Morgenstern

Der Weg zur Ruhe
geht durch
das Gebiet der
allumfassenden
Tätigkeit.

Novalis

Geh langsam.
Du kommst doch
immer wieder
nur zu dir selbst.

Weisheit aus dem Orient

Ruhe ist Glück –
wenn sie ein
Ausruhen ist,
wenn wir sie
gewählt, wenn
wir sie gefunden,
nachdem wir
sie gesucht;
aber Ruhe ist
kein Glück, wenn
sie unsere einzige
Beschäftigung ist.

Ludwig Börne

Strebe nach Ruhe,
aber durch das
Gleichgewicht,
nicht durch
den Stillstand
deiner Tätigkeit.

Friedrich Schiller

Was ohne
Ruhepausen
geschieht,
ist nicht
von Dauer.

Ovid

Wer sichere
Schritte tun will,
muss sie
langsam tun.

Johann Wolfgang von Goethe

Wer keine
Muße kennt,
lebt nicht.

Weisheit aus Sizilien

Der ist kein
freier Mensch,
der sich nicht
auch einmal
dem Nichtstun
hingeben kann.

Cicero

Ich habe Ruhe
gesucht überall
und habe sie
am Ende gefunden
in einem Winkel
bei einem
kleinen Buche.

Franz von Sales

Es gibt keinen
zuverlässigeren
Beweis für
Geistesgröße,
als wenn man sich
durch nichts,
was einem
begegnen kann,
in Aufruhr
bringen lässt.

Seneca

Wer sich um
das Morgen
am wenigsten
kümmert,
geht ihm mit
der größten Lust
entgegen.

Epikur

Die Ruhe der Seele
ist ein herrliches
Ding und
die Freude an
sich selbst.

Johann Wolfgang von Goethe

Wer ausgeglichen ist,
hat heitere
Gedanken:
Ausgeglichenheit
ist die Wurzel
inneren Heiterseins.

Chu Hsi

Der Mensch hat
das Warten
verlernt.
Darin liegt
das Grundübel
unserer Zeit.

William Somerset Maugham

Während ich mich
an einem schwülen
Tag auf den
trägen Wassern
des Sees treiben
lasse, höre ich
fast auf zu leben
und fange an
zu sein.

Henry David Thoreau

Der Fehler
liegt in der Eile.

Weisheit aus China

Die Ruhe ist
die natürliche
Stimmung eines
wohl geregelten,
mit sich einigen
Herzens.

Wilhelm von Humboldt

Wer mit Bedacht
handelt, erreicht,
was er erstrebt.

Weisheit aus Arabien

Hast du es eilig,
so mache
einen Umweg.

Zen-Weisheit

Wenn man die Ruhe
nicht in sich
selbst findet,
ist es umsonst,
sie anderswo
zu suchen.

François de La Rochefoucauld

Nimm dir jeden Tag
eine halbe Stunde
Zeit zum Gebet,
außer wenn du
viel zu tun hast,
dann nimm dir
eine Stunde Zeit!

Franz von Sales

Halte ein,
wenn es Zeit
ist innezuhalten.

Buddhistische Weisheit

Die Gelassenheit
ist eine anmutige
Form des
Selbstbewusstseins.

Marie von Ebner-Eschenbach

Ein angenehmes
und heiteres Leben
kommt nicht von
äußeren Dingen;
der Mensch bringt
aus seinem Inneren
wie aus einer Quelle
Lust und Freude
in sein Leben.

Plutarch

Einen Tag
ungestört in Muße
zu verleben heißt,
einen Tag lang
ein Unsterblicher
zu sein.

Weisheit aus China

Nur jene wissen
das Leben wahrlich
zu schätzen,
die nichts tun,
es zu stören.

Laotse

Ein Augenblick
der Geduld kann
vor großem Unheil
bewahren,
ein Augenblick
der Ungeduld
ein ganzes Leben
zerstören.

Weisheit aus China

Ein Augenblick
der Seelenruhe
ist besser als alles,
was du sonst
erstreben magst.

Weisheit aus Persien

Glücksbotschaften der Freundschaft

Freundschaft

Ein Freund
kann durchaus
als Meisterwerk
der Natur gelten.

Ralph Waldo Emerson

Wen der Himmel
liebt, dem schickt
er einen Freund.

Weisheit aus China

Die einzige Rose
ohne Dornen
ist die Freundschaft
in dieser Welt.

Christine von Schweden

Es gibt einige
Freundschaften,
die im Himmel
beschlossen
und auf Erden
vollzogen werden.

Matthias Claudius

Ein Freund
ist wie
ein zweites Ich.

Cicero

Die Freundschaft
gehört zum
Notwendigsten
in unserem Leben.
In Armut und
im Unglück sind
Freunde die einzige
Zuflucht. Doch
die Freundschaft
ist nicht nur
notwendig,
sondern auch schön.

Aristoteles

Die Fähigkeit,
Freundschaft
zu gewinnen,
ist unter allem,
was Weisheit
zur Glückseligkeit
beitragen kann,
bei weitem
das Bedeutendste.

Epikur

In der Freundschaft
zählen nicht Alter,
weder Rang noch
Verwandtschaft
und Beziehung.
Wer einen Freund
sucht, sucht
den Charakter.

Mong Dsi

Ein edler Mensch
zieht edle
Menschen an
und weiß sie
festzuhalten.

Johann Wolfgang von Goethe

Die Neigung
zur Freundschaft
entsteht oft
plötzlich,
die Freundschaft
selbst aber
braucht Zeit.

Aristoteles

Die Welt ist so leer,
wenn man nur
Berge, Flüsse und
Städte darin denkt;
aber hier und da
jemanden zu
wissen, der mit uns
übereinstimmt, mit
dem wir auch
stillschweigend
fortleben, das
macht uns dieses
Erdenrund erst zu
einem bewohnten
Garten.

Johann Wolfgang von Goethe

Einander
kennen lernen
heißt lernen,
wie fremd man
einander ist.

Christian Morgenstern

Freundschaft
braucht gewisse
Lebensparallelen
und eine
Gemeinsamkeit
der Gedanken.

Henry Brooks Adams

Das schönste
Freundschafts-
verhältnis:
wenn jeder von
beiden es sich
zur Ehre rechnet,
der Freund
des anderen
zu sein.

Marie von Ebner-Eschenbach

Die Freundschaft
fließt aus
vielen Quellen,
am reichsten aber
aus dem Respekt.

Daniel Defoe

Freundschaft
währt am längsten,
wenn sie mit
dem gegenseitigen
Versprechen,
sich immer die
Wahrheit zu sagen,
besiegelt wird.

Ralph Waldo Emerson

Gibt es etwas
Beglückenderes,
als einen Menschen
zu kennen,
mit dem man
sprechen kann
wie mit sich
selbst?

Cicero

Die Kraft zu lieben,
die Gesundheit,
sich, das Leben,
Freundschaft und
Geist zu genießen
und zu erwidern,
ist der Zauber,
der alles bezwingt.

Ludwig Tieck

Du musst deinen
Freund mit allem,
was an ihm ist,
in deinen Arm
und deinen Schutz
nehmen.

Matthias Claudius

Dem anderen
sein Anderssein
verzeihen,
das ist der Anfang
der Weisheit.

Weisheit aus China

Auf der höchsten
Stufe der
Freundschaft
offenbaren wir
dem Freunde
nicht unsere Fehler,
sondern die seinen.

François de La Rochefoucauld

Man kommt in
der Freundschaft
nicht weit,
wenn man nicht
bereit ist,
kleine Fehler zu
verzeihen.

Jean de La Bruyère

Der beste Weg,
einen Freund
zu haben, ist der,
selber einer
zu sein.

Ralph Waldo Emerson

Nur wahre Freunde
sagen dir,
wenn dein Gesicht
schmutzig ist.

Weisheit aus Sizilien

Wer einen
guten Freund hat,
braucht
keinen Spiegel.

Weisheit aus Indien

Ein Freund, der
mir den Spiegel
zeigt, den kleinsten
Flecken nicht
verschweigt, mich
freundlich warnt,
mich herzlich schilt,
wenn ich nicht
meine Pflicht erfüllt:
Der ist mein
Freund, so wenig
ers scheint.

Christian Fürchtegott Gellert

Ältere Bekanntschaften und Freundschaften haben vor neuen vor allem das voraus, dass man sich einander schon viel verziehen hat.

Johann Wolfgang von Goethe

Die Freundschaft,
die enden kann,
hat nie wirlich
begonnen.

Publius Syrus

Freundschaft
ist wie eine Spur,
die im Sand
verschwindet,
wenn man sie nicht
beständig erneuert.

Weisheit aus Afrika

Bücher
und Freunde
soll man wenige
und gute haben.

Weisheit aus Spanien

Alle Schätze
dieser Erde wiegen
einen guten Freund
nicht auf.

Voltaire

Jedermann kann
für die Leiden
eines Freundes
Mitgefühle
aufbringen.
Es bedarf aber
eines wirklich
edlen Charakters,
um sich über
die Erfolge eines
Freundes zu freuen.

Oscar Wilde

Keine Straße
ist lang mit
einem Freund
an deiner Seite.

Weisheit aus Japan

Wer die Freundschaft
aus dem Leben
verbannt,
entfernt aus
der Welt die Sonne.

Cicero

Ein wahrer Freund
trägt mehr
zu unserem Glück
bei als tausend
Feinde zu
unserem Unglück.

Marie von Ebner-Eschenbach

Wir leben alle
von dem, was
uns Menschen
in bedeutungsvollen
Stunden
unseres Lebens
gegeben haben.

Novalis

Um einen Freund
zu sehen,
ist kein Umweg
zu weit.

Weisheit aus Russland

Glücksbotschaften der Liebe

Liebe

Freudvoll und
leidvoll,
gedankenvoll sein,
langen und bangen
in schwebender
Pein, himmelhoch
jauchzend,
zum Tode betrübt –
glücklich allein
ist die Seele,
die liebt.

Johann Wolfgang von Goethe

Die Liebe ist
eine köstliche
Blume, aber
man muss den
Mut haben,
sie vom Rande
eines schauerlichen
Abgrundes
zu pflücken.

Stendhal

Ein Tropfen Liebe
ist mehr als
ein Ozean an
Wille und Verstand.

Blaise Pascal

Was ist Liebe?
Mir ist auf der
Straße ein junger
Mann begegnet,
der verliebt war.
Sein Mantel war
abgetragen,
Wasser rann durch
seine Schuhe
und Sterne zogen
durch seine Seele.

Victor Hugo

Liebe ist nicht ein,
sondern das
einzige Mittel,
um glücklich
zu werden.

Françoise Sagan

Im Traum
und in der Liebe
ist nichts
unmöglich.

Weisheit aus Ungarn

Hier ist das Wunder,
das allen immer
widerfährt,
die wirklich lieben;
je mehr sie geben,
desto mehr besitzen
sie von der kost-
baren erhaltenden
Liebe, die Blumen
und Kindern Stärke
verleiht und die
allen Menschen
helfen könnte,
wenn sie sie ohne
Zweifel hinnähmen.

Rainer Maria Rilke

Des Menschen Herz
kann am
glücklichsten sein,
wenn es sich
so recht sehnt.

Wilhelm Raabe

Was aus Liebe
getan wird,
geschieht immer
jenseits von
Gut und Böse.

Friedrich Nietzsche

In der Jugend
ist die Liebe
stürmischer,
aber nicht so stark,
so allmächtig
wie später.

Heinrich Heine

Aber tief
im Herzen
klingen lange
noch Lust
und Leid.

Joseph von Eichendorff

Liebe muss
wie das Feuer
immer wieder
angefacht werden.
Sie stirbt, wenn sie
zu hoffen oder
zu fürchten
aufhört.

François de La Rochefoucauld

Raum ist in
der kleinsten Hütte
für ein glücklich
liebend Paar.

Friedrich Schiller

Wo man am
meisten fühlt,
weiß man
am wenigsten
zu sagen.

Annette von Droste-Hülshoff

Schön ist alles,
was man mit Liebe
betrachtet.

Christian Morgenstern

Was nützen dir
Liebe, Glück,
Bildung, Reichtum,
wenn du dir nicht
die Zeit nimmst,
sie in Muße
zu genießen?

Carl Alexander
von Gleichen-Rußwurm

Man braucht
nur mit Liebe
einer Sache
nachzugehen,
so gesellt sich
das Glück hinzu.

Johannes Trojan

Es ist schön
zu denken, dass
so viele Menschen
heilig sind in
den Augen derer,
die sie lieben.

Christian Morgenstern

Wir haben
Fröhlichkeit nötig
und Glück,
Hoffnung
und Liebe.

Vincent van Gogh

Denn das Glück,
geliebt zu werden,
ist das höchste
Glück auf Erden.

Johann Gottfried Herder

Woher sind wir
geboren? Aus Lieb.
Wie wären wir
verloren? Ohne Lieb.
Was hilft uns
überwinden?
Die Lieb.
Kann man auch
Liebe finden?
Durch Lieb.
Was lässt uns lange
weinen? Die Lieb.
Was soll uns stets
vereinen? Die Lieb.

Johann Wolfgang von Goethe

Die Liebe
lebt von
liebenswürdigen
Kleinigkeiten.

Theodor Fontane

Ich meine,
es müsste einmal
ein großer Schmerz
über die Menschen
kommen, wenn
sie erkennen, dass
sie nicht geliebt
haben, was
sie hätten
lieben können.

Christian Morgenstern

Dort,
wo man liebt,
wird es niemals
Nacht.

Weisheit aus Afrika

Die Liebe allein
versteht das
Geheimnis, andere
zu beschenken
und dabei selbst
reich zu werden.

Clemens Brentano

Die Summe
unseres Lebens
sind die Stunden,
in denen wir
liebten.

Wilhelm Busch

Das Glück ist Liebe,
die Lieb ist
das Glück,
ich hab es gesagt
und nehms
nicht zurück.

Adalbert von Chamisso

Die meisten
Menschen leben
für die Liebe und
die Bewunderung,
doch wir sollten
durch Liebe
und Bewunderung
leben.

Oscar Wilde

Lerne denken
mit dem Herzen
und lerne fühlen
mit dem Geist.

Theodor Fontane

Das Wesen
der Liebe ist,
miteinander
lachen zu können.

Françoise Sagan

Die Welt besteht
aus lauter
Gelegenheiten
zur Liebe.

Søren Kierkegaard

Wer liebt,
lebt da,
wo er liebt,
nicht da,
wo er lebt.

Aurelius Augustinus

Liebe ist das
Größte auf der Welt.
Es gibt nichts
als die Liebe.

Oscar Wilde

Es ist immer
etwas Wahnsinn
in der Liebe.
Es ist aber
auch immer etwas
Vernunft
im Wahnsinn.

Friedrich Nietzsche

Man kann ohne Liebe
Holz hacken,
man kann aber
nicht ohne Liebe
mit Menschen
umgehen.

Leo Tolstoi

Kein steinern
Bollwerk kann
der Liebe wehren,
und Liebe wagt,
was irgend
Liebe kann.

William Shakespeare

Nur wer
die Sehnsucht
kennt, weiß, was
ich leide!

Johann Wolfgang von Goethe

Die Liebe ist
das einzige Gut,
das sich vermehrt,
wenn man
es verschwendet.

Weisheit aus Persien

Zu lieben ist schön,
noch schöner ist es,
geliebt zu werden.

Weisheit aus Frankreich

Glücksbotschaften des inneren Reichtums

Innerer Reichtum

Achte auf
das Kleine
in der Welt,
das macht
das Leben reicher
und zufriedener.

Carl Hilty

Die Bescheidenheit
glücklicher
Menschen kommt
von der Ruhe,
welche das Glück
ihren Gemütern
verleiht.

François de La Rochefoucauld

Was du genießt
von Tag zu Tag,
das ist dein
Reichtum.

Weisheit aus Indien

Die Welt gehört dem,
der in ihr
mit Heiterkeit
nach hohen Zielen
wandert.

Ralph Waldo Emerson

Wie lange ich lebe,
liegt nicht in
meiner Macht,
dass ich aber,
solange ich lebe,
wirklich lebe,
das hängt
von mir ab.

Seneca

Man soll
Anteil nehmen
an der Freude,
der Schönheit,
der Farbigkeit
des Lebens.

Oscar Wilde

Das Paradies
auf Erden ist dort,
wo ich bin.

Voltaire

Wer an das
Glück glaubt,
der hat Glück.

Friedrich Hebbel

Man muss immer
etwas haben,
worauf man
sich freut.

Eduard Mörike

Es ist nichts groß,
was nicht gut ist.

Matthias Claudius

Das Glück
kommt zu denen,
die lachen.

Weisheit aus Japan

Man muss
etwas Neues
machen,
um etwas
Neues
zu sehen.

Georg Christoph Lichtenberg

Die größte
und einzige
Aufgabe ist es,
glücklich
zu leben.

Voltaire

Wohin du
auch gehst,
geh mit
deinem ganzen
Herzen.

Konfuzius

Wunschlosigkeit
führt zu
innerer Ruhe.

Laotse

Der Wechsel allein
ist das Beständige.

Arthur Schopenhauer

Die Jahre lehren
viele Dinge,
die man von
den Tagen
nicht lernen kann.

Ralph Waldo Emerson

Erfahrung
ist nicht das
schlechteste
Geschenk
bitterer Stunden.

Guy de Maupassant

Das Herz
ist der Schlüssel
der Welt
und des Lebens.

Novalis

Es ist nicht alles
erstrebenswert,
was unerreichbar
ist.

Weisheit aus Schottland

Wenn der Mensch
sich selbst bleibt,
bleibt ihm viel.

Johann Wolfgang von Goethe

Unsere Sehnsüchte
sind unsere
Möglichkeiten.

Robert Browning

Die Seele nährt sich
von dem, woran
sie sich freut.

Aurelius Augustinus

Auch aus Steinen,
die einem in den
Weg gelegt werden,
kann man
Schönes bauen.

Johann Wolfgang von Goethe

Bei gleicher
Umgebung
lebt doch jeder
in einer
anderen Welt.

Arthur Schopenhauer

Auch eine Reise
von tausend Meilen
beginnt mit
einem Schritt.

Weisheit aus China

Man muss sich
für nichts zu gering
halten.

Georg Christoph Lichtenberg

Alles Große und Edle
ist einfacher Art.

Gottfried Keller

Die größte
Offenbarung
ist die Stille.

Laotse

Ideale sind
wie Sterne,
man kann sie
nicht erreichen,
aber man kann
sich an ihnen
orientieren.

Weisheit aus Japan

Das größte Werk
des Menschen ist,
anderen Gutes
zu tun.

Sophokles

Es ist besser,
ein kleines Licht
anzuzünden,
als auf die
Dunkelheit
zu schimpfen.

Laotse

Man muss in
der Seele wie
bei einem Gemälde
das Heitere
und Leuchtende
in den Vordergrund
stellen.

Plutarch

Jede unserer
Erkenntnisse
beginnt bei
den Gefühlen.

Leonardo da Vinci

Jeder Weg
trifft irgendwo
einen
anderen Weg.

Weisheit aus Afrika

Man muss
den Blumen,
Gräsern und
Schmetterlingen
auch noch so
nahe sein wie
ein Kind, das
nicht über sie
hinwegreicht.

Friedrich Nietzsche

Denn von
den Gedanken
nimmt die Seele
ihre Farbe an.

Marc Aurel

Die Welt ist ein Buch.
Wer nie reist,
sieht nur
eine Seite davon.

Aurelius Augustinus

Lasst uns durch
die Welt gehen,
ohne uns ihre
Wege anzueignen.

Henry David Thoreau

Glücksbotschaften der Stille

Stille

Es bildet ein Talent
sich in der Stille,
sich ein Charakter
in dem Strom
der Welt.

Johann Wolfgang von Goethe

Ruhigsein –
dem Fluss
des Bewegten
die rechte Richtung
geben.

Han Fe Dsi

Es gibt eine Stille,
in der man meint,
man müsse
die einzelnen
Minuten hören,
wie sie in den
Ozean der Ewigkeit
hinuntertropfen.

Adalbert Stifter

Wer sein Herz
dem Ehrgeiz öffnet,
verschließt es
der Ruhe.

Weisheit aus China

Lausche
auf den Ton
des Wassers,
und du wirst
eine Forelle
fangen.

Weisheit aus Irland

Alles, was geschieht,
vollzieht sich
in Geheimnissen.

Origines

Wer wagt,
durch das Reich
der Träume
zu schreiten,
gelangt
zur Wahrheit.

E. T. A. Hoffmann

Die Zeit
fließt dahin
wie ein Fluss.
Sie kehrt
nicht zurück.

Weisheit aus China

Die Ruhe ist
eine liebenswürdige
Frau und
wohnt in der Nähe
der Weisheit.

Epicharmos

Der wahre,
tiefe Friede
des Herzens und
die vollkommene
Gemütsruhe
sind allein in
der Einsamkeit
zu finden.

Arthur Schopenhauer

Narren hasten,
Kluge warten,
Weise gehen
in den Garten.

Weisheit aus China

Seelenruhe,
Heiterkeit und
Zufriedenheit
sind die Grundlage
allen Glücks,
aller Gesundheit
und des
langen Lebens.

Christoph Wilhelm Hufeland

Man kann die
seligsten Tage
haben, ohne etwas
anderes dazu
zu gebrauchen
als blauen Himmel
und grüne
Frühlingserde.

Jean Paul

Wahrhaft Großes
zu leisten ist nur
dem in sich ganz
gesammelten und
abgeschlossenen
Gemüt möglich.

Carl Maria von Weber

Still sitzend,
nichts tuend,
kommt der Frühling
und das Gras
wächst von allein.

Zen-Weisheit

Wenn du die wahre
Beschaffenheit
von irgendetwas
kennen lernen
willst, so überlasse
es der Zeit!
Im Vorüberströmen
sieht man nichts
genau und
erkennt nichts.

Seneca

Wirf deine Gedanken
wie Herbstblätter
in einen blauen
Fluss, schau zu,
wie sie hineinfallen
und davontreiben,
und dann vergiss sie.

Zen-Weisheit

Ruhe bringt
Gleichgewicht und
Leichtigkeit.
Gleichgewicht und
Leichtigkeit bringen
inneren Frieden
und Gelassenheit.

Tschuang-tse

Noch bevor der
Regen aufhört,
vernehmen wir
die Stimme
des Vogels.
Unter der dicksten
Schneedecke
keimt neues Leben.

Shunryu Suzuki

Nimm dir
jeden Tag eine
halbe Stunde Zeit
für deine Sorgen
und in dieser Zeit
mache ein
Schläfchen.

Laotse

Eile ist ein
schlechter
Ratgeber.

Periander

Geh in den Garten
und höre auf
die Stille zwischen
den Geräuschen:
Dies ist die wahre
Musik der Natur.

Weisheit aus Japan

Ruhig
und vernünftig
zu betrachten
ist zu keiner Zeit
schädlich.

Johann Wolfgang von Goethe

Der beste Beobachter
und der
tiefste Denker
ist immer
der mildeste
Richter.

Henry Thomas Buckle

Das Geheimnis
des Lebens
liegt in der Suche
nach Schönheit.

Oscar Wilde

Durch Bewegung
überwindet man
Kälte. Durch
Stillhalten über-
windet man Hitze.
Der Weise vermag
es, durch seine
Reinheit und Ruhe
alle Dinge der Welt
ins Gleichmaß
zu bringen.

Weisheit aus China

Selig ist
der Mensch,
der mit
sich selbst
in Frieden
lebt.

Matthias Claudius

Alles Große
kommt aus der
inneren Stille.

Weisheit aus China

Wer das Ziel kennt,
kann entscheiden;
wer entscheidet,
findet Ruhe,
wer Ruhe findet,
ist sicher,
wer sicher ist,
kann überlegen,
wer überlegt,
kann verbessern.

Konfuzius

Der Traum
und die Fantasie
sind das
eigenste
Eigentum.

Novalis

Mit gelassenem Sinn
Glück zu ertragen
ist schwer.

Ovid

Nur aus
einem unbewegt
stillen Herzen
kann etwas
Vollkommenes
aufblühen.

Weisheit aus Japan

Zum Herzen
führen nicht
große Straßen,
nur stille Wege.

Weisheit aus der Türkei

Nichtstun erquickt!

Cicero

Nur in stillen
Wassern spiegeln
sich die Sterne.

Weisheit aus China

Ruhe aus;
ein Feld,
das geruht hat,
trägt
herrlich Ernte.

Ovid

Bewahre deine
Seelenruhe den
Widerwärtigkeiten
des Alltags
gegenüber.

Horaz

Die tiefe Ruhe
ist die Bewegung
in sich selbst.

Laotse

Der Langsamste,
der sein Ziel
nicht aus den
Augen verliert,
geht noch immer
geschwinder
als der, der ohne
Ziel herumirrt.

Gotthold Ephraim Lessing

In einigen Fällen war es nicht möglich, für den Abdruck der Rechte die Rechteinhaber zu ermitteln. Honoraransprüche der Autoren, Verlage und ihrer Rechteinhaber bleiben erhalten.

Genehmigte Lizenzausgabe für Verlagsgruppe Weltbild GmbH,
Steinerne Furt, 86167 Augsburg

Umschlaggestaltung: bürosüd°, München
Umschlagmotiv: Tom Walker/Getty Images
Satz: Uhl + Massopust, Aalen
Gesamtherstellung: CPI Moravia Books s.r.o., Pohorelice
Printed in the EU
978-3-86800-216

2011 2010 2009
Die letzte Jahreszahl gibt die aktuelle Lizenzausgabe an.